Renate Sültz & Uwe H. Sültz

Notizbuch für

Automodell

Sammler

BoD - Books on Demand

Norderstedt 2017

Bibliografische Information durch die Deutsche
Nationalbibliothek

Die Deutsche Nationalbibliothek verzeichnet diese
Publikation in der Deutschen Nationalbibliografie;
detaillierte bibliografische Daten sind im Internet über
http://dnb.dnb.de abrufbar.

Herstellung und Verlag:

BoD – Books on Demand, Norderstedt

ISBN 9-78374-4-80181-2

Ein kleines Notizbuch für Automodell Sammler.

Wo ist das nächste Club-Treffen? Wie waren noch die Telefonnummern meiner Sammler-Freunde? Welches Modell fehlt mir noch? Für diese und ähnliche Fragen haben Sie hier auf über 80 Seiten Platz für Antworten.

Wir wünschen viel Freude bei diesem Hobby!